Gendern

?!

Duden

Anne Wizorek
Hannah Lühmann

Gendern ?!

Gleichberechtigung in der Sprache – Ein Für und ein Wider

Dudenverlag
Berlin

D C B A
Bibliographisches Institut GmbH,
Mecklenburgische Straße 53, 14197 Berlin

Redaktionelle Leitung Dr. Kathrin Kunkel-Razum
Autorinnen Anne Wizorek, Hannah Lühmann

Herstellung Uwe Pahnke
Layout und Satz Dirk Brauns, Berlin
Umschlaggestaltung Vietmeier Design, München
Druck und Bindung Kösel GmbH & Co. KG,
Am Buchweg 1, 87452 Altusried-Krugzell
Printed in Germany

ISBN 978-3-75619-3
www.duden.de

Wir verwenden in diesem Buch Eigenschreibungen wie trans* Frauen.

INHALTS-VERZEICHNIS

?!

Der Beginn:

WARUM UND WANN IN IHREM LEBEN SIND FRAUEN-BEWEGTE THEMEN BZW. GENDERFRAGEN FÜR SIE WICHTIG GEWORDEN? WARUM SPIELTE UND SPIELT SPRACHE DABEI EINE GROßE ROLLE FÜR SIE?

Sie sind beide in den Dreißigern, gut ausgebildet, hatten und haben eine ganze Reihe Privilegien, arbeiten im Medienbereich – wie ist es dazu gekommen, dass Sie sich mit Fragen rund um das Geschlecht / die Geschlechter beschäftigen? Und welche Themen interessieren Sie in diesem Zusammenhang besonders?

Januar 2013. Vor knapp zwei Tagen habe ich den Hashtag #aufschrei ins Internet geschrieben und jetzt bin ich plötzlich zum ersten Mal zu Gast in einer Talkshow. Mein Wochenende war ursprünglich komplett anders geplant, aber nun sitze ich hier und soll bei „Günther Jauch" zum Thema „Hat Deutschland ein Sexismusproblem?" mitdiskutieren.

Auch Alice Schwarzer sitzt in der Runde, und wer die Sendung von zu Hause verfolgt, sieht in der sogenannten Bauchbinde unter ihrem Namen das Wort „Feministin" eingeblendet. Als die Kamera zu mir schwenkt und mein Name eingeblendet wird, steht dort: „Bezeichnet sich als Feministin".

So lustig und seltsam diese Unterscheidung anzusehen war, so ist sie doch auch sehr bezeichnend dafür, wie in deutschen Medien lange mit dem Thema Feminismus umgegangen wurde. Frauenbewegung, das klingt doch groß? Es klingt auf jeden Fall nach vielen. Aber zu sehen und hören bekam unsereins diese anderen Frauen nicht wirklich, denn außer der Schwarzer'schen Telefonnummer schienen Medienleute offenbar keine Kontakte zu Feministinnen zu haben. Daraus entstand eine Art „Highlander"-Feminismus: „Es kann nur **eine** geben" – anstatt die Vielzahl und Vielfalt feministischer Stimmen abzubilden. Das verzerrt nicht nur die Wirklichkeit, sondern ist außerdem ein höchst patriarchaler Schachzug, der Frauen stets in Konkurrenz zu anderen Frauen setzt. Bildsprache zählt eben genauso, wie die Worte, die unseren Mund

Sie fragen, warum Genderfragen in meinem privilegierten Leben wichtig sind und warum Sprache dabei eine große Rolle spielt. Ich glaube, dass diese Frage, obwohl sie persönlich auf meine Motive und Lebenslagen zielt, zu einem absolut zentralen Punkt führt, der bei unserem Nachdenken in dieser Debatte eine Rolle spielen muss. Sie impliziert, dass es eher ungewöhnlich sei, sich mit diesen Themen zu beschäftigen, wenn man selbst nicht „benachteiligt" ist, wodurch die Geschlechterfrage von Beginn an zu einer Gerechtigkeitsfrage gemacht wird. Aber Identität und das Nachdenken über sie ist mehr als die Fragen nach „Sichtbarkeit" und „Anteiligkeit", die jetzt in der Diskussion um die sogenannte „gendergerechte Sprache" auftauchen. Gleichzeitig ist die starke Fokussierung auf Sprach- und Identitätspolitik (die in der Frage nach der Rolle von Sprache anklingt) typisch für unsere Generation. Wir sind die Kinder von Foucault und Judith Butler.

Ich bin 1987 geboren, mit 11 Jahren aufs Gymnasium, das bei uns in Berlin mit der siebten Klasse beginnt, gekommen. Als die Twin Towers crashten, war ich gerade 14 geworden, die neunte Klasse hatte begonnen. Was das mit Gender zu tun hat? Noch nicht sehr viel, aber in jedem Leben gibt es Momente, in denen einem, wie Rainald Goetz das in einem Aufsatz mal formuliert hat, die Politik vom Kopf ins Herz rutscht, in denen man auf jeden Fall in Berührung kommt mit Fragen, die das Persönliche überschreiten, die etwas mit der Gesellschaft zu tun haben. Vielleicht ist es verlassen oder ihren Weg auf Buchseiten oder Bauchbinden finden.

„Bezeichnet sich als Feministin", das hatte diesen skeptischen Unterton, der mich gleichermaßen amüsiert wie nervt. Weiß diese junge Frau eigentlich, was sie damit sagt? Vielleicht hat sie sich ja nur geirrt? Wieso gibt es diese Feministinnen immer noch und wo kommen sie eigentlich her?

Dabei muss ich durchaus zugeben: Mich als Feministin zu verstehen und zu bezeichnen ist mir lange Zeit schwergefallen. Wie viele Sätze habe ich eingeleitet mit „Ich bin keine Feministin, aber…" – nur um dann unbewusst eine feministische Aussage zu machen und dem ersten Teil meines Satzes direkt selbst zu widersprechen. Die Bezeichnung „Feministin" hielt ich auf Sicherheitsabstand, als wäre sie eine Granate, die jederzeit hochgehen könnte. Schließlich hatte auch bei mir das oberflächliche Stereotyp der „männerhassenden Achselhaarfurie" fleißig seine Wirkung entfaltet. Die Vorurteile zum Feminismus sind dabei so alt wie der Feminismus selber. Wer mal die Propaganda googelt, die man damals gegen die fürs Frauenwahlrecht kämpfenden Suffragetten verbreitete, wird sehr viele Parallelen zu heutigen antifeministischen Angriffen erkennen. „Zu krass! Zu hässlich! Sind gegen Männer und gegen Sex! Sie vernachlässigen Kinder!" Fakt ist aber: Das Frauenwahlrecht dürfen wir seit 100 Jahren auch in Deutschland als selbstverständlich betrachten, weil die Suffragetten einfach erkannt hatten, dass sie ihr Recht auf kennzeichnend für unsere Generation, dass diese Momente immer mit einem Gefühl der Uneigentlichkeit verbunden waren: Aufgewachsen mitten im schönsten *Ende der Geschichte*, hatte ich schon bei meinen ersten aktivistischen Unternehmungen das Gefühl, etwas zu imitieren, wenn nicht zu parodieren, das die Generationen vor uns irgendwie besser hinbekommen hatten.

Ich hatte dieses Gefühl beim Sternmarsch für eine andere Bildungspolitik, zu dem uns unsere Eltern mitnahmen. Bei der Protestdemonstration gegen den Kriegseinsatz in Afghanistan, für die meine beste Freundin und ich die Schule schwänzten. Im März 2003 beim Warten auf den Tag X, an dem die Amerikaner den Irak angriffen. Toll fand ich zu der Zeit Che Guevara, die Ton Steine Scherben und Die Ärzte. Heldinnen gab es, soweit ich mich erinnere, keine, ebenso wenig, wie ich mich erinnern kann, dass die Frage nach (sozialer) Gleichberechtigung oder der Rolle der Frau in der von uns angestrebten anarcho-kommunistischen Revolution (wir hatten da relativ vage Vorstellungen) besonders präsent gewesen wäre. Über unserer Jugend in den Nullerjahren wehte immer noch der Soundtrack des Jahres 1995: „Ich möchte Teil einer Jugendbewegung sein." Ein Gefühl der Ungleichzeitigkeit also: Unsere Protestmethoden waren Zitate. Dass es uns gut geht, wussten wir.

Das Geschlechterthema war für mich als Teenager auf einer anderen, grundlegenden, erst einmal nicht politischen Ebene dauerpräsent: Ich habe politische Teilhabe nun mal nicht bekommen, wenn sie nur nett danach fragen.

Dass ich diese Zusammenhänge verstand und feministische Vorbilder entdecken konnte, mit denen ich mich identifizierte, das hatte in erster Linie mit dem Internet zu tun. Je mehr ich mich im Netz inhaltlich mit Feminismus beschäftigte, desto deutlicher wurde mir das Zerrbild hinter der „männerhassenden Kampfemanze". Warum sollte es wichtiger sein, wie eine Frau aussieht, als dass sie zum Beispiel ein unabhängiges, gewaltfreies Leben führen darf? Warum wurde eine Frau schlagartig „unsexy", sobald sie ihr Leben selbst bestimmen wollte und darauf bezogene politische Forderungen stellte? Männern nicht nur gefallen zu wollen, sondern es sogar zu **müssen**, das gehört schließlich zum Kern einer patriarchalen Gesellschaft. Mir wurde klar, dass es bei dieser patriarchalen Strategie nur darum ging, auf die Angst von Frauen zu bauen, aus dieser Rolle zu fallen. Wenn Frauen suggeriert wird, mit ihren Bedürfnissen und Wünschen gehört zu werden, bedeute automatisch das Risiko, als unattraktives „Zuviel" empfunden zu werden, dann soll das gerade junge Frauen von politischem Engagement abschrecken und sie klein halten, damit sie sich ihrer eigentlichen Macht nicht einmal bewusst werden. Denn wer sich von solchen Oberflächlichkeiten abschrecken lässt, dringt erst gar nicht zu den Inhalten der Geschlechtergerechtigkeit vor.

Im Internet lernte ich aber nicht nur, worum es Feministinnen tatsächlich geht (Selbstbestimmung, sehr lange nach meiner sexuellen Orientierung gesucht. Eine Zeitlang erschienen mir Mädchen als ein aufregendes, schwieriges Anderes. Es hat lange gedauert, bis ich anfangen konnte, zu erahnen, dass Weiblichkeit vieles sein kann. Damals erschien sie mir wie eine Art essenzialistischer Zauber, von dem ich mich irgendwie ausgeschlossen fühlte. Mädchen, das waren diese spielerischen, koketten, grazilen Wesen, ich selber fühlte mich eher wie so eine Art Molch. Für mich war das Thematisieren von Geschlechterthemen also immer ein (erstmal weder politisches noch philosophisches) Problematisieren von Identität, von Zuschreibungen wie „männlich" und „weiblich". Ich erzähle das auch, um schon mal ein Thema anzudeuten, das in der Diskussion um die gendergerechte Sprache wichtig ist: Ich kenne das Gefühl, irgendwie „anders" zu sein, und ich kenne auch den Wunsch, dass sich dieses Anderssein in der Sprache wiederfindet, dass es sagbar wird (Spoiler: Wird es aber nie!).

2006 kam dann sozusagen mein persönlicher *Linguistic Turn*. Mit 19 schrieb ich mich fürs Studium ein, Philosophie und Englisch. In Linguistik haperte es, unter anderem deswegen wechselte ich im Zweitfach bald in die Kulturwissenschaften, die an der Humboldt-Universität eng mit den Gender Studies verzahnt sind. In den folgenden Monaten und Jahren hatte ich eine komplizierte On-und-off-Geschichte mit einem Menschen, der will – das hat er mir mal in einem anderen Kontext gesagt –, dass ich das Personalpronomen „sie" verwende, wenn ich über ihn in dieser Zeit schreibe. In meiner

Unabhängigkeit, Gewaltfreiheit, Aufklärung, Vereinbarkeit von Beruf und Familie …), sondern erkannte auch, dass ich schon längst eine von ihnen war. Dank feministischer Blogs erkannte ich, dass ich mit meiner Stimme nicht alleine war und Ungerechtigkeiten nicht einfach so hinnehmen musste, weil das Leben „nun mal so ist".

Ich war auch nicht darauf beschränkt, nur einer bestimmten Stimme zuzuhören, sondern konnte gezielt nach denen suchen, die allgemein zu wenig Gehör erhalten: schwarze Frauen, queere Menschen, alleinerziehende Frauen, trans* Frauen, ältere Frauen, geflüchtete Frauen, Frauen mit Behinderung, muslimische Frauen … Ich fand endlich Vorbilder, mit denen ich mich identifizieren konnte – weil wir alle, trotz ganz unterschiedlicher Geschichten, die Vorstellung einer gerechten Gesellschaft teilten. So stieß ich auf die Amerikanerin Jaclyn Friedman, deren Arbeit mich so beeindruckte, dass ich schließlich so eine coole Sau sein wollte wie sie. Sie ist bekannt dafür, das „Nein heißt Nein"-Prinzip weiter zu denken und über „Ja heißt Ja" zu sprechen. Es geht also darum, sexualisierter Gewalt nicht nur vorzubeugen, sondern auch um die Frage, wie ein erfülltes Sexleben jeweils für uns aussehen kann, indem wir verstehen und formulieren können, was wir und unser Gegenüber wirklich wollen, wenn wir mit jemandem ins Bett gehen.

Das hier war also mein feministischer Aha-Moment: Wenn ich die Welt verändern wollte, musste ich damaligen Realität aber war ich mit einem Mann, einem Jungen zusammen. Ich erinnere mich an eine gemeinsame Reise nach Leipzig, ich am Fenster, rauchend, sie vor mir stehend. Ich fragte sie: „Bin ich für dich eine Frau?" Sie antwortete mir: „Ja, du performst Weiblichkeit schon ganz gut."

Ich weiß nicht, wie sie ihre Identität heute definiert, aber ich weiß eines: Mit ihr ist Judith Butler in mein Leben getreten – und die Vorstellung, dass Geschlecht etwas sei, das sich durch fortlaufende performative Akte erst konstituiere. Sie studierte Genderwissenschaften, verschlang Judith Butler, aber auch ganz allgemein dekonstruktivistische Philosophie, französische Denker. Texte, an die ich mich aus dieser Zeit erinnere: das „Cyborg-Manifest" von Donna Harraway, das „SCUM-Manifesto" von Valerie Solanas, der „Anti-Ödipus" von Gilles Deleuze. Später spielten für sie die Texte der Theoretikerin Luce Irigaray eine riesengroße Rolle; Irigaray setzt sich mit der Möglichkeit einer weiblichen Sprache auseinander.

Mit alldem sind wir immer noch nicht ganz bei der Frage nach „gendergerechter Sprache", aber wir sind bei einem fundamentalen, sprach- und identitätsphilosophischen Zusammenhang zwischen Geschlecht und (sprachlicher) Performanz. Wenn ich mich richtig erinnere, ist eines der prominentesten Beispiele für einen solchen performativen Sprechakt der Geschlechtszuschreibung bei Judith Butler der Ausruf „It's a boy/girl!" nach der Geburt eines Kindes.

selbst damit anfangen. Die Schriftstellerin Maya Angelou fasste das mal sehr schön mit den Worten zusammen: „Ich bin Feministin. Ich bin nun schon eine ganze Weile eine Frau und wäre schön blöd, nicht auf meiner eigenen Seite zu stehen." Ich bin wiederum sehr froh, dass wir heutzutage noch mehr sichtbare feministische Vorbilder haben, die nicht nur aus einem akademischen oder aktivistischen Umfeld kommen. Ob das nun eine Beyoncé oder eine Emma Watson ist oder die vielen großartigen Frauen hinter der „Time's Up"-Bewegung: Sie zeigen, wie vielfältig Feminismus schon immer war. Sie schaffen gerade für junge Menschen einen leichten Zugang zu schweren Themen wie Lohngerechtigkeit, Vorbeugung von Gewalt, Antirassismus, das Recht auf Abtreibung und was das alles – trotz erreichter Fortschritte – mit ihnen selbst zu tun hat.

Was mir damals außerdem klar wurde: Feminismus ist ein anhaltender Lernprozess. Denn nur, wenn wir der Fortsetzung von Gedanken und Debatten auch offen begegnen und uns selbst weiterentwickeln, kommen wir auch weiter. Wer sich demgegenüber verschließt, wird nur auf der Stelle trampeln.

In diesem Sinne musste ich auch meine Offenheit für eine geschlechtergerechte Sprache erst entwickeln. Sprache spielte nämlich länger nur eine untergeordnete Rolle für mich. Als ich anfing zu bloggen, war ich selbst noch auf dem Dampfer „Ich bin doch mitgemeint, es gibt Wichtigeres". Nach einer Weile begann ich zumindest, die männliche

Ich nahm die dekonstruktivistische Identitätsnachdenkerei vorübergehend an, ohne mich in ihr jemals ganz wohl zu fühlen – aber sie war im Übrigen auch das einzige Instrument, mit dem wir Studenten uns zu dieser Zeit rebellisch fühlen konnten. Es ist seltsam, dass, als ich zu studieren begann, in den mittleren Nullerjahren, zumindest an der philosophischen Fakultät der Humboldt-Universität auf einmal als „aufregend" oder „neu" galt, was doch eigentlich seinen Höhepunkt in den Achtzigern und vielleicht noch in den Neunzigern hatte: das dekonstruktivistische Nachdenken über Identität und Sprache.

Ich glaube also, dass meine Generation genau in diesen Sprachkämpfen, im Glauben, man müsse die Sphäre des Symbolischen politisch verändern, essenzialistische Kategorien dekonstruieren, Narrative verändern, zu sich gefunden hat. In der Ideologiekritik hatten wir endlich unsere Ideologie gefunden. Die heutigen akademischen Avantgarden und Subszenen sind ja genau das: die mit Gender Studies, Sprachphilosophie und Dekonstruktion sozialisierten Queer-Kids mit ihren rosarot gefärbten Mermaid-Frisuren. Heute geht dieser Denk- und Lifestyle häufig eine Allianz ein mit politischen Forderungen nach „korrekter" Sprache – das „Sag-es-einfach-nicht" (in der Diskussion über das Wort *Neger*, der sogenannten *N*-Wort-Debatte) ist wie eine Parole, die sich vervielfacht. Endlich haben wir eine Revolution. Restriktion ist unser Pop. Und wir stecken fest in den stark vereinfachenden aktivistischen Konsequenzen der Feststellung, dass und die weibliche Form zu nennen oder versuchte geschlechtsneutral zu schreiben (das Binnen-I war nie so meins). Als ich dann immer öfter mit dem Gendergap konfrontiert wurde, sträubte ich mich trotzdem erst mal. Ich erinnere mich jedenfalls noch sehr gut daran, wie ich ehrenamtlich die Pressearbeit für ein Kunstprojekt machte und die Projektleiterin mir plötzlich Texte mit dieser Lücke vorlegte. Der Gap war mir schon ab und zu in feministischen Texten untergekommen, aber selber verwenden? Das schien mir dann doch eine Spur zu krass. Mal wieder hatte ich Sorge, damit Leute abzuschrecken, und ich konzentrierte mich auf dieses Gefühl, statt der Absicht hinter dieser Schreibweise auf den Grund zu gehen. Als ich es schließlich doch tat, auch um besser zu verstehen, wovor ich überhaupt Angst hatte, wurde mir schnell klar, dass es für meine Sorge überhaupt keinen Grund gab. Beim Gendergap geht es darum, Menschen einzubeziehen, die sich weder als männlich noch als weiblich identifizieren, und mit der Lücke sprichwörtlich einen Raum für diese Geschlechtsidentitäten zu schaffen. Der Gap soll sogar stören und sich bewusst erst mal nicht geschmeidig ins Lesebild fügen, um darauf hinzuweisen, dass sich in unserem binären Geschlechtersystem von Mann und Frau eben nicht alle wiederfinden. Aktivismus per Sprache eben!

So vergrößerte sich nach und nach mein Bewusstsein für den Gebrauch der Sprache, und wenn ich bedenke, wie lange ich das generische Maskulinum benutzte, weil mir keine Alternative dazu gezeigt

Realität Sprache sei oder sich durch Sprache / in Sprache konstituiere.

Sie fragten nicht nur nach Sprache, sondern auch allgemein nach frauenbewegten Themen, und da kann ich eine viel einfachere Antwort geben. Spätestens mit 25, also mit dem Eintritt ins Berufsleben, fiel mir natürlich auf, wie sehr Männerbünde und homosoziale Anerkennungssysteme große Teile unserer Welt immer noch bestimmen. In den letzten Jahren habe ich mich manchmal über (gefühltes?) Nicht-ganz-so-ernst-genommen-Werden, Unterbrochenwerden geärgert, über eine bestimmte Lautstärke, eine bestimmte Hysterie, eine bestimmte Großzügigkeit im Hinwegsehen über die Urheberin einer bestimmten Idee. Ein Sich-gegenseitig-Abfeiern-und-Anhimmeln.

Natürlich wurde ich, von Frauen wie von Männern, gefördert und bekomme auf verschiedenen Ebenen Anerkennung für das, was ich tue. Aber oft blieb eben dieses Gefühl, das, glaube ich, wirklich jede Frau im Berufsleben kennt: dass Männer weniger kämpfen müssen, damit ihre Ideen Gehör finden, dass Männern eher Autorität zugesprochen wird und so weiter. Ich glaube aber, wir sollten nicht im Gefühlten verharren. So gerne ich manchmal einige Männer in meinem Umfeld an den Schultern rütteln und sie auf bestimmte Verhaltensweisen aufmerksam machen wollte, so sehr glaube ich daran, dass es eher kontraproduktiv ist, wenn man versucht, Verhalten auf so einer Mikro-Ebene zu regeln. Ich glaube an die Fehlbarkeit meiner wurde, dann ging im Vergleich dazu die Gewöhnung an Gap, Sternchen, Doppelpunkt, und was es da noch so alles gibt, ruckzuck. Bei geschlechtergerechter Sprache denke ich auch immer an meinen eigenen Lernprozess und wie sich anfängliche Abwehrhaltung in Verständnis wandelte. Ich glaube nicht, dass dieses Verständnis verordnet werden kann – es muss eben immer erst durch den eigenen Kopf. Ich weiß aber, dass die verschiedenen Varianten geschlechtergerechter Sprache überhaupt zu sehen, uns dazu inspirieren kann, über den eigenen Gebrauch von Sprache nachzudenken und darüber, wie dieser Menschen vielleicht ausschließt. Die alleinige Nennung der männlichen Form ist mir jedenfalls nicht genug und von einem „Liebe Leser" fühle ich mich schon lange nicht mehr angesprochen – weil ich, und so viele andere, es am Ende eben auch nie waren.

eigenen Wahrnehmung, und auch ich bin ja nicht agendafrei, wenn ich diese Dinge schreibe, weil ich mich natürlich nach einem sehnte: mehr Macht. Wir Frauen müssen lernen, zu netzwerken, uns zu verbünden, vielleicht zu intrigieren. Erst dann können wir zeigen, was anders sein könnte. Wir haben damit angefangen, aber es ist noch ein langer Weg. Das ist meine Antwort, sie ist die einer privilegierten, weißen, beruflich einigermaßen etablierten Frau aus Berlin und hat wenig mit dem Schicksal einer Reinigungskraft in der Provinz zu tun. Aber auch nicht sehr viel mit Sprache.

?!

Der Verlauf:

WO STEHEN WIR UND WARUM BEFÜRWORTEN SIE DAS GENDERN BZW. LEHNEN SIE ES AB?

Seit einiger Zeit tobt eine heftige Auseinandersetzung zum Thema Gendern in den Medien und im Netz. Auf der einen Seite meist ältere, konservative Männer und Frauen, die Gendern rundheraus ablehnen, es als „gaga" bezeichnen. Auf der anderen Seite meist junge, kosmopolitische Frauen und Männer, die das Thema einreihen in das übergeordnete Thema „soziale Gerechtigkeit", für die sie sich stark machen. Aber so einfach sind die Rollenzuschreibungen dann doch nicht, wie wir an Ihnen beiden sehen können. Was spricht dafür, was dagegen? Und vor allem: Warum ist der Streit so erbittert?

! PRO

Als im Sommer 2016 der neue „Ghostbusters"-Film ins Kino kam, konnte ich es kaum erwarten, endlich ein Ticket dafür zu kaufen. Der 80er-Jahre-Klassiker bekam zwar nie einen dritten Teil, aber mit dieser Neuauflage gingen nun ausschließlich Frauen auf Geisterjagd und durften Expertinnen fürs Übernatürliche sein. Ich war schon großer Fan der Männer-Version gewesen und kann nicht mehr zählen, wie oft ich die Filme sah. Allerdings kam damals schon ein komisches Bauchgefühl auf, wenn die Hauptfigur Dr. Peter Venkman (gespielt von Bill Murray) sexistische Sprüche brachte und Frauen bedrängte. Heute sehe ich sehr viel klarer, woher dieses Gefühl kam. Solche mehr oder weniger unterschwelligen Signale zeigten unmissverständlich, dass die Macher eine spezifisch weibliche Perspektive in keiner Weise mitgedacht hatten. Die einzige weibliche Hauptfigur, Dana Barrett (gespielt von Sigourney Weaver), war vor allem dabei, damit Peter Venkman sie „rumkriegen" konnte. Anfangs findet sie ihn eher ätzend, er baggert aber beharrlich, rettet sie vorm großen Bösen und sie gibt am Filmende nach.

Trotzdem war auch für mich Peter Venkman der Held dieser Geschichte und ich versuchte, mich in ihn hineinzuversetzen, so gut es diese Figur eben zuließ. Diese mentale Gymnastik ist der Dauerzustand für alle, die keine (heterosexuellen) Männer sind. Die meisten Geschichten in der Popkultur werden eben immer noch vorwiegend von Männern für Jungs bzw. Männer erzählt. Um nicht ohne etwas dazustehen, müssen alle anderen sich

Kann man überhaupt vernünftigerweise gegen die geschlechtergerechte Sprache sein? Der Kampf ums Symbolische hat längst begonnen, es geht immer auch um Sichtbarmachung, Anerkennung, um Einschreibung in die Ordnung, die unsere Gesetze, unsere Urteile, unsere Fantasie, unser tägliches Empfinden konstituiert. Was spricht gegen die Vorstellung, dass der Kampf um die Sichtbarkeit des weiblichen Geschlechts und anderer geschlechtlicher Identitäten in der Sprache die Fortsetzung des emanzipatorischen Projekts im Symbolischen sei? Wenn ich „das Symbolische" schreibe, meine ich selbstverständlich nicht das „nur Symbolische" im Sinne eines irgendwie Uneigentlichen, Dekorativen. Ich meine die Sphäre der Sprache, des Sozialen, des Diskurses, der Macht. Ich teile mit den Befürwortern gendergerechter Sprache die Grundannahme, dass Sprache *die* existenzielle Dimension unseres Welterschließens ist. Ich bin mir nur nicht ganz so sicher, was daraus folgt. Ich will versuchen, im Folgenden darüber nachzudenken.

Ich bin nicht gegen alles, was man unter „Gendern" versteht. Die Mitarbeiter in einem gemischtgeschlechtlichen Unternehmen mit „Liebe Kollegen" anzusprechen, ist unzeitgemäß und unhöflich. Macht ja auch kaum noch einer. Etwas anderes scheint mir die Diskussion um das generische Maskulinum zu sein. Seine Gegner stören sich daran, dass bei seiner Verwendung Frauen nur „mitgemeint" seien – bei dem Satz „Die Astronauten steigen aus dem Raumschiff" würden etwa verbiegen, damit sie sich in popkulturellen Figuren wiederfinden können, während Jungs und Männer sich bequem in die ohnehin für sie erzählten Geschichten fallen lassen dürfen. Selbst die wenigen Frauenfiguren (von nicht binären Geschlechterperspektiven ganz zu schweigen) sind noch viel zu oft durch die „männliche Brille" geprägt. Inwiefern sich echte Frauen mit diesen Figuren identifizieren oder doch nur zwischen Extremen à la „sexy Lady" und „toughe Bitch" wählen können, bleibt dabei eher Nebensache.

Sich selbst in irgendeiner Medienform wiederzuerkennen ist aber eine sehr kraftvolle Erfahrung. Als ich nach dem „weiblichen" „Ghostbusters"-Film aus dem Kino kam, dachte ich nur: „So muss es Männern die ganze Zeit gehen!?" So selbstsicher, bestätigt, inspiriert? Ob und **wie** wir dargestellt werden, hat eben einen Einfluss darauf, was wir uns insgesamt für uns selbst und unser Leben vorstellen können. Wenn diese Darstellung fehlt oder uns in Schubladen zwingt, fällt es umso schwerer, uns in anderen Rollen zu sehen: Wir brauchen im wahrsten Sinne des Wortes Vorbilder – für das, was ist und was sein könnte. Der letzte „Ghostbusters"-Film zeigte in diesem Sinne einfach Expertinnen, die mit Witz und Mut ihren Job machten, aber nicht darüber definiert wurden, ob sie mit einem Mann zusammen waren.

Leider keine Selbstverständlichkeit, wie auch eine deutsche Studie aus dem Jahr 2017 zeigt: Zusammen mit der MaLisa Stiftung untersuchte die Schauspielerin Maria Furtwängler erstmals, wie Frauen vor dem inneren Auge nur aus dem Raumschiff steigende Männer auftauchen. Da wir uns, so geht die Argumentation weiter, eine Welt wünschen, in der die Vorstellung eines weiblichen Astronauten genauso naheliegend und natürlich ist wie die eines männlichen, sei das generische Maskulinum problematisch. Es reproduziere eine Denktradition, in der das Männliche als der gleichsam neutrale Normalfall und das Weibliche als seine Ableitung gelte.

Verstehen Sie mich nicht falsch: Selbstverständlich *gibt* es diese Denktradition. Wer dem männlichen Blick begegnen will, der muss nur mal die Bibel aufmachen oder die Tür zum Louvre. Unsere symbolische Sphäre schillert in allen patriarchalen Farben. Aber eben: Sie schillert – und ich glaube, das ist etwas, das wir bei allem emanzipatorischen Streben für die Teilhabe verschiedener gesellschaftlicher Gruppen und Identitäten nie vergessen dürfen: Kultur, auch wenn es möglich ist, sie auf bestimmte Ideologien (das Heteronormative, das Phallische, das Binäre…) zu untersuchen, ist nie einfach nur Ausdruck von Ideologie. Wer sie so behandelt, ideologisiert selbst. Die Regeln unseres politischen Wertekompasses lassen sich nicht totalitär auf die Sphären der Kunst und der Sprache übertragen. Eine ganz ähnliche Logik findet sich ja in den aktuellen Kulturkämpfen, wenn es etwa darum geht, dass Aktivisten fordern, die „Träumende Thérèse" im New Yorker Metropolitan Museum abzuhängen, ein Gemälde des Malers Balthus, das ein und Männer im deutschen Fernsehen und Kino dargestellt werden.[1] Die ernüchternden Ergebnisse zeigten, dass über alle Fernseh-Programme hinweg auf eine Frau zwei Männer kommen. Frauen sind also stark unterrepräsentiert, und wenn sie doch vorkommen, dann mehr als doppelt so häufig im Zusammenhang von Beziehung und Partnerschaft – also meistens mit Bezug auf einen Mann.

Wenn sich aber Menschen aller Geschlechter und Identitäten in kulturellen Werken wiederfinden dürften, und das nicht nur ab und zu als Ausnahmeerscheinung, sondern mit der Selbstverständlichkeit, mit der das für (heterosexuelle) Jungs und Männer längst geschieht, würden wir alle uns mit einer anderen, stärkeren Selbstverständlichkeit durch diese Welt bewegen – und sie auch mit einer ebensolchen gestalten.

Dies gilt nicht nur für die Bildsprache auf digitalen Leinwänden, sondern besonders für Sprache allgemein – unser wichtigstes Verständigungsmedium, das wir alle täglich ausgiebig nutzen. Schon diese schiere Bedeutung für unser aller Alltag macht dieses Feld zu einem fundamental wichtigen. Sprache hilft uns jeden Tag dabei, uns in dieser großen, oft komplexen Welt zu orientieren. Weil für uns bestimmte Wörter stets mit bestimmten Bildern verbunden sind, machen sie auch immer etwas mit unserer Vorstellungswelt. Ob das nun *Geisterjäger* ist, die (fehlgeleiteten) Assoziationen zum Wort

---

[1] https://malisastiftung.org/studie-audiovisuelle-diversitaet/

pubertierendes Mädchen in erotisierender Pose zeigt. Oder in der von mir gerade schon erwähnten Diskussion um herabwürdigende Wörter. Oder eben in der Problematisierung des generischen Maskulinums beziehungsweise der Intervention in die grammatische Ordnung, die das Gender-Sternchen oder das Binnen-I darstellen.

Ich bin keine Expertin und ich will alle diese Fälle keinesfalls über einen Kamm scheren. Man müsste gründlich über sie nachdenken, über die linguistischen, ästhetischen, historischen, politischen, kunst- und sprachgeschichtlichen Diskurse, an die sie andocken. Aber es kommt mir vor, als hätten sie gemeinsam, dass sie eine aktuell prominent wahrgenommene Ausdrucksform einer bestimmten Art von eher linkem Engagement darstellen – und dass sie allesamt auf die Umschreibung der symbolischen Sphäre abzielen. „Wegnehmen" (Wörter, die nicht mehr gesagt werden sollen wie das *N*-Wort) und „Hinzufügen" (das Gender-Sternchen als Interruption und als Platzhalter dessen, was in der heteronormalen Ordnung nicht vorkommt) scheinen dabei nur die beiden Modi einer im Grundprinzip gleichen Herangehensweise zu sein: eben den Anspruch zu erheben, das umzugestalten / (produktiv) zu stören, in dem man bisher nicht vorgekommen ist, weil die Diskurse männliche, weiße, heteronormative sind. Sichtbarkeit zu schaffen für das, was „unsichtbar gemacht" wird.

Wie also kann man gegen das Gendern sein? Wenn der Dudenverlag Ratgeber herausgibt, in denen

Feministin oder der *frühe Vogel*, der vor unserem geistigen Auge einen Wurm fängt.

In unserem Sprechen drücken wir stets unsere eigene Vorstellungswelt mit aus und beeinflussen, wie eng oder weit wir die Grenzen dieser Welt stecken. Wenn wir uns also nicht mal in unserer eigenen Sprache eine geschlechtergerechte Gesellschaft vorstellen können (und wollen), wird es mit der tatsächlichen Umsetzung umso schwieriger. Frauen und Menschen anderer Geschlechter in der Sprache sichtbar zu machen, heißt aber allen – und eben nicht nur Männern – ohne Wenn und Aber einen gesellschaftlichen Platz zu geben und ihre jeweiligen Bedürfnisse wahrzunehmen. Wenn wir uns zumindest darauf verständigen könnten, dass die Gleichberechtigung aller Menschen unser gesellschaftliches Ziel sein muss, stellt sich die Frage, wie sich das auch sprachlich umsetzen lässt. Gleich vorweg: Es gibt dafür nicht die eine richtige Lösung, sondern eine Vielzahl an Möglichkeiten. Das Thema „Gendern" im engen Sinne, also die Debatte um Sternchen, Binnen-I und Gendergap, ist nur das besonders heftig umkämpfte Zentrum.

Die Debatte darüber, ob und wie Sprache eigentlich gerechter sein sollte, ist durch unser sexistisches Denken und Handeln geprägt. Wir führen zwar immer wieder intensive Sexismusdebatten, die Aufklärung darüber, was Sexismus wirklich ist, findet aber unzureichend statt und viele arbeiten eher mit gefühltem Wissen. Sexismus ist die Diskriminierung aufgrund des Geschlechts, er kann einem Inspirationen zum „richtigen Gendern" auf den Weg gegeben werden – ist das nicht ein wunderbarer Triumph, ein Zeichen, dass all die Dinge, für die die Frauenbewegung gekämpft hat, endlich auch zu Umwälzungen in der Mikrostruktur unseres Bewusstseins führen? Dass die Gleichstellung wirklich so ein zentrales gesellschaftliches Anliegen geworden ist, dass Frauen und sexuelle Minderheiten endlich auch mitgedacht werden? Dass die Vorstellung vom universalen männlichen Subjekt sich langsam umcodiert zu einer neuen, fließenden, *gerechteren* Form des Verständnisses von Identität?

Der Feminismus hat viel erreicht, und immer, wenn jemand in die Richtung argumentiert, dass „es jetzt doch auch mal gut" sei, denke ich: Nein, natürlich ist es nicht gut. Warum sollte etwa die Tatsache, dass Vergewaltigung in der Ehe erst seit 1997 gesetzlich verboten ist, weniger Nachwirkung in unserem Bewusstsein und Miteinander haben als, sagen wir, die historische Tatsache des Mauerfalls? Letzterer ist sogar schon deutlich länger vorbei und trotzdem würde niemand infrage stellen, dass wir bestimmte Bilder von Ostdeutschen und Westdeutschen im Kopf haben, dass wir Deutschen, insgesamt und als Gesellschaft, noch immer daran zu knabbern haben, noch weiter zusammenwachsen müssen. Es geht mir nicht darum, diesen Vergleich inhaltlich auszufüllen, sondern um das Bewusstsein für Historizität: Die zivilisatorischen Errungenschaften, die der Feminismus durchgefochten hat, sind jung – und bewusst oder unbewusst produziert werden. Die Diskriminierung soll den ungleichen gesellschaftlichen Status zwischen Männern und Frauen aufrechterhalten. Dieser ist historisch geschaffen worden und herrscht schon so lange, dass die meisten von uns sich kaum einen anderen Zustand vorstellen können. Jegliche, oft hart erkämpfte Fortschritte in Richtung Geschlechtergerechtigkeit werden außerdem als Beleg dafür herangezogen, dass nun „alles erreicht“ wäre. Aber genauso wenig wie Obama als erster schwarzer Präsident der USA den dortigen Rassismus beendete, können wir seit unserer ersten Kanzlerin in Deutschland das Problem Sexismus abhaken. Die Symptome einer sexistischen Gesellschaft sind auch bei uns noch tief in die Strukturen und Köpfe eingegraben: die unterirdische Bezahlung in Pflegeberufen, das Risiko der Altersarmut, die Erwartung, sich für die Familie aufzuopfern, die Diskriminierung Alleinerziehender, die Wahrscheinlichkeit, sexualisierte Gewalt zu erfahren, die Ausgrenzung, weil eine geschlechtliche Identität nicht unter Mann/Frau fällt …

Sexismus spricht uns allen wichtige Bestandteile unserer Persönlichkeit und menschlichen Erfahrung ab. Geschlecht lässt sich dabei nicht nur vom Inhalt unserer Unterhose her denken, sondern hat mit bestimmten Erwartungshaltungen zu tun, nach denen wir einengende Geschlechterrollen erfüllen sollen (dies wird auch *Gender* genannt). Frauen sind sexistischen Stereotypen nach die „irrationalen unverständlichen Wesen mit zu vielen Gefühlen“, Männer dagegen „die harten rationalen Kerle, ohne sie sind fragil, werden dieser Tage von reaktionären Diskursen genauso infrage gestellt wie vieles andere, von dem wir dachten, wir hätten es ein für alle Mal erkämpft. Warum soll also ausgerechnet bei der Sprache Schluss sein? Spricht nicht alles, was ich bisher gesagt habe, dafür, dass auch auf der Ebene der Zeichen endlich Gerechtigkeit herrschen muss?

Ich habe manchmal meine Schwierigkeiten mit dem „Dritte-Welle-Feminismus" – mit der Selbstgerechtigkeit, mit der eine bestimmte Art des politischen Sprechens, gerade im Internet, für sich in Anspruch nimmt, die einzig legitime Fortsetzung des emanzipatorischen Projekts im 21. Jahrhundert zu sein. In dieser Logik führt der Kampf der Suffragetten für das Wahlrecht über die Kämpfe um Teilhabe am Arbeitsmarkt und das Selbstbestimmungsrecht der Frau über ihren Körper (Abtreibungsdebatte der Siebzigerjahre) direkt zum in den Neunziger- und Nullerjahren an den Universitäten verinnerlichten Genderdiskurs. Das führt zu der angespannten Situation, dass eine philosophisch und linguistisch keineswegs voraussetzungslose Annahme (in etwa: „Sprache bestimmt Realität, also muss sie geändert werden") in Gestalt der „gendergerechten Sprache" an die Menschen herangetragen wird. Ich finde es verständlich, dass es Menschen gibt, die das als „ideologisch" empfinden. Ich kann verstehen, dass Leute vom Gendern genervt sind.

Ich ärgere mich hier deswegen wieder einmal mehr über die „Progressiven", weil ich, naturgemäß, mit ihrem Projekt sympathisieren möchte, diese Gefühlsduselei". Bereits Mädchen bekommen so vermittelt, sie würden nur übertreiben und ihren Einschätzungen könnten weder sie selbst noch andere trauen. Jungs wird wiederum verwehrt, die ganze Bandbreite ihrer Gefühlswelt ausdrücken zu können – nur um nicht „wie ein Mädchen" zu wirken. Auch heute noch werden Jungs dafür ausgelacht, Rosa und Glitzer zu mögen, während Mädchen durch unerreichbare Schönheitsideale unter Druck gesetzt werden, statt eine selbstbewusste eigene Stimme entwickeln zu können. Kinder mit nicht binären Geschlechtsidentitäten kommen in dieser Weltvorstellung erst gar nicht vor. Dafür spüren sie umso stärker, welche Zwangsjacke die „Männlich/weiblich"-Kategorien sein können.

Wegen dieses Sexismus wird dann mitunter selbst heute noch ein Film mit unabhängigen Frauen in den Hauptrollen als Zumutung empfunden. Im Fall von „Ghostbusters" ging es sogar so weit, dass das Werk und die Schauspielerinnen – vor allem die einzige schwarze Darstellerin, Leslie Jones – noch vor dem Start brutal im Internet attackiert wurden, um das ganze Projekt scheitern zu lassen. Wenn also mal wieder jemand sagt, dass wir in Sachen Geschlechtergerechtigkeit „doch schon viel weiter!" seien, erinnern Sie sich bitte daran, dass eine ganze Reihe wütender Männer uns nicht mal einen (!) Film mit weiblichen „Ghostbusters" gönnen wollte – geschweige denn eine Fortsetzung davon.

Der wahre „Genderwahn" ist jedenfalls die Tatsache, dass wir immer noch danach beurteilt werden, es in dem Fall aber nur eingeschränkt kann. Natürlich bin ich nicht gegen „die" Gender Studies – das wäre absurd, es handelt sich dabei um eine Forschungsrichtung, eine Disziplin, die viele verschiedene heterogene Ansätze in sich vereint und keinesfalls immer normativ vorgeht. Wenn Menschen sie als Orchideenfach mit ideologischem Herrschaftsanspruch verächtlich machen, schwingt darin häufig ein Anti-Elitismus mit, mit dem ich mich keineswegs gemein machen möchte.

Mehr noch: Die Motive jener, die sich über gendergerechte Sprache aufregen, scheinen mir häufig mehr als fragwürdig, ich habe das gerade selber erlebt: Als die 81-jährige Frauenrechtlerin Marlies Krämer vor das Bundesverfassungsgericht zog, um gegen ihre Sparkasse zu klagen, die sich weigerte, sie als „Kundin" zu adressieren, schrieb ich einen Artikel, in dem ich sie verteidigte: Die Wut vieler meiner Leser antizipierend, rief ich ihnen in der Onlinezeile polemisch zu: „Liebe Gender-Genervte, entspannt euch doch einfach mal!" Ich argumentierte, dass für mich die Weigerung, jemanden entsprechend seinem Geschlecht zu adressieren, genauso ideologisch sei wie der Wunsch nach gendergerechter Sprache, und dass man, wenn man sich gegenüber den „Genderwahnsinnigen" in überlegener Perspektive wähne, deren Wunsch nach einer bestimmten Anrede doch genauso gut einfach souverän-lässig entsprechen könnte. Von den E-Mails, die ich bekam, war „ab in den Gulag" noch eine der freundlicheren Versionen – meine konservativen Leser verwiesen damit auch auf was wir in der Unterhose haben – statt danach, was uns durch den Kopf geht und was wir wirklich wollen. Wir sind zwar schon besser darin geworden, Geschlechterstereotype zu kritisieren und abzubauen, und viele von uns zeigen jeden Tag, wie sich Geschlechterrollen wandeln lassen. Gänzlich los sind wir sie nur leider nicht, zumal sie mittlerweile ein extremes Comeback, vor allem von rechts erfahren.

Insofern überrascht es kaum, dass sich diese Verschärfung auch in der Debatte um Sprache entlädt. So entstehen zum Beispiel Missverständnisse darüber, wofür der Begriff *Gender* eigentlich steht, weil er mit anderen Bedeutungen aufgeladen wird. Auf Sprache bezogen, heißt *Gendern* lediglich, dass es verschiedene Angebote gibt, die geschlechtliche Vielfalt unserer Gesellschaft sichtbar zu machen (oder nicht). Diese Sprachangebote haben sowohl Vor- als auch Nachteile – ob und wie wir sie nutzen, sagt aber auch immer etwas über uns selbst und unsere Absichten aus. An dieser Stelle erkläre ich daher noch mal kurz die gängigsten Varianten.

Das generische Maskulinum ist dabei die Form, die wir am längsten kennen und die unseren Alltag bisher am stärksten prägt. Männlichkeit ist eine Form von Gender, insofern ist auch das: Gendern. Wer anderes behauptet, etabliert Männer als Norm und damit als Ausgangsform dafür, wie unsere Gesellschaft für alle anderen funktionieren soll. Wenn also in Bezug aufs Maskulinum die Rede vom den Kontext, in dem sie mich verorten: Menschen, die für gendergerechte Sprache (diese Position wurde mir zugeschrieben) sind, werden für ideologisch verblendete Fanatiker gehalten, die im Namen einer Gleichheitsideologie die Ordnung des Symbolischen umkrempeln wollen.

Nach allem, was ich bisher geschrieben habe, fragen Sie sich vielleicht, was ich denn nun gegen gendergerechte Sprache habe. In Kürze: Ich halte sie für ein Missverständnis. Wer glaubt, dass das Repräsentiertsein in der Sprache etwas mit Gerechtigkeit zu tun hat (nichts anderes suggeriert ja die Bezeichnung „gendergerechte Sprache"), der gibt sich einer Illusion hin. Denn er lässt etwas Wichtiges in Bezug auf das Wesen der Sprache außer Acht. Allenfalls, das sei noch zur Verteidigung der gendergerechten Sprache vorgebracht, können Eingriffe in die Sprache wie das Binnen-I oder das Gendersternchen vielleicht als „Stoppschilder" funktionieren, die „unseren Lese- und Sprachfluss hemmen". So hat es der Philosoph Philipp Hübl in einem Zeitungsartikel in der NZZ formuliert. In diesem Sinne könnten sie uns vorübergehend an das „unvollendete Projekt" der Gleichstellung erinnern. Das erschiene mir gerade noch sinnvoll, aber mir kommt es ehrlich gesagt vor, als wäre es nicht das, was die Befürworter gendergerechter Sprache im Sinne haben, sondern als würde sich in den diversen Bindestrichkonstellationen und vor allem in der Problematisierung des generischen Maskulinums der Wunsch artikulieren „in der Sprache

„Nicht-Gendern" der Sprache ist, während alle anderen Formen als „gegendert" gelten sollen, ist das ziemlich unsinnig. Fans des Maskulinums bestehen zwar immer wieder darauf, dass die Formulierungen angeblich „geschlechtsneutral" seien, das ist jedoch schon rein sprachhistorisch fragwürdig. Vor allem aber wissen wir aus sozialpsychologischen Studien, dass durch diese Sprachvorgabe immer wieder an Männer gedacht und damit der Mann als menschliche Norm hergestellt wird. Wer so parteiisch ist, sollte sich also keineswegs als „neutral" verkaufen. Das grammatische Geschlecht bestimmt nämlich gerade bei Personenbezeichnungen maßgeblich unsere Vorstellung vom Sexus dieses Wortes. Fragen wir Menschen nach ihrem Lieblingsmusiker, werden sie in ihren Antworten vor allem Männer und weitaus seltener Frauen nennen.[2] Wird dagegen zusätzlich nach Lieblingsmusikerinnen gefragt, werden diese für die Befragten sprichwörtlich vorstellbarer und somit häufiger genannt. Hier gibt es also eine Wechselwirkung, und Sprache lenkt uns in eine bestimmte Richtung.

Ein Versuch, die Norm des generischen Maskulinums aufzubrechen und Frauen sichtbarer zu machen, ist das Binnen-I. Statt die weibliche und die männliche Form eines Wortes auszuschreiben, wie zum Beispiel „Politikerinnen und Politiker", fasst es diese zu „PolitikerInnen" zusammen. Die Sprachwissenschaftlerin und Verfechterin des Binnen-I Luise Pusch sieht

[2] http://journals.sagepub.com/doi/abs/10.1177/0261927X01020004004

vorzukommen". Aber, könnte man fragen: Kommt denn der Mann *in der Sprache* vor? Oder ist es nicht gerade so, dass in jedem Sprechen, in jedem Bezeichnen, ein Mangel ist? Der französische Psychoanalytiker Jacques Lacan hat uns die Einsicht gebracht, dass die Sphäre des Symbolischen immer lückenhaft ist. Der Mangel besteht darin, dass in allen unseren Versuchen, etwas zu bezeichnen, immer ein Rest bleibt, der sich entzieht. Mit jedem Versuch des Bezeichnens wird ein anderer, neuer Rest erzeugt. Der Sinn kommt nie zu einem Abschluss.

Die Konzeption von „Gerechtigkeit", die in der „gendergerechten Sprache" mitschwingt, hat zwei Hauptfacetten. Zum einen wäre da Gerechtigkeit im Sinne einer „Verteilungsgerechtigkeit", also einem irgendwie anteiligen Vorkommen der Geschlechter in der (geschriebenen) Sprache. Diese Illusion einer „gendergerechten Sprache" nährt nicht nur die Vorstellung, dass es möglich wäre, eine Identität in die Sprache einzuschreiben und dadurch eine Befriedung im Symbolischen herzustellen, sie erzeugt auch die Vorstellung, dass Sprache etwas irgendwie zu Verteilendes wäre, in dem nicht vorzukommen einen benachteilige. Die zweite Facette ist der Aspekt des „Angemessenen", der in der „Gendergerechtigkeit" mitschwingt, also „Gerechtigkeit" im Sinne von „jemandem gerecht werden". Hat aber die Vorstellung, mir könne durch die korrekte Bezeichnung „Gerechtigkeit" oder eben durch die falsche Bezeichnung „Ungerechtigkeit" widerfahren, nicht etwas fast darin auch einen Weg,[3] um so nah wie möglich ans generische Femininum heranzukommen. Beim generischen Femininum gehen allerdings in der Regel die Fans des generischen Maskulinums auf die Barrikaden. Denn obwohl ausdrücklich betont wird, dass das Femininum alle Menschen mitmeint – genauso, wie es fürs Maskulinum behauptet wird – würden dadurch vor allem Männer ungerecht behandelt. Frauen unter männlichen Begriffen mitmeinen? Geht klar. Aber Männer unter weiblichen Bezeichnungen mitansprechen? Dies wird geradezu als Kränkung empfunden und die Widersprüchlichkeit wird selten erkannt. Dabei steckt in einem Begriff wie *Bürgerin* tatsächlich sowohl der männliche Bürger als auch die weibliche Bürgerin und das Femininum ist daher viel eher geeignet, um Menschen tatsächlich mitzumeinen.

Ein wichtiges Aber gibt es trotzdem, denn: Sowohl das Binnen-I als auch das Femininum schließen weiterhin Menschen mit nicht binären Geschlechtsidentitäten aus, da nur Männer und Frauen angesprochen werden. Vorschläge wie der Gendergap *(Autor_in)* und das Gendersternchen *(Leser*in)* sollen dieses Problem lösen. Sie erfüllen beide jeweils dieselbe Funktion und sind innerhalb eines Wortes Platzhalter für die geschlechtliche Vielfalt unserer Gesellschaft. Menschen, die sich nicht in das binäre Mann/Frau-System von Geschlecht einordnen können oder wollen, wie zum Beispiel

---

3 http://www.anschlaege.at/feminismus/2017/11/unsere-grammatik-bevorzugt-maenner/

Sprachmagisches? Gerechtigkeit ist etwas von einer Gesellschaft Herzustellendes, nicht etwas, das in den Signifikanten steckt.

Sprachhistoriker forschen zu der Frage, ob in der europäischen Ursprache Genus und Sexus nun eins waren oder nicht – denn wenn sie es gewesen wären, so der Gedanke, würde das auf eine genuine Koppelung von grammatischem mit sozialem/biologischem Geschlecht verweisen. Aber ist das nicht nur eine weitere Facette der Sehnsucht nach Eindeutigkeit? Wenn man es ein für alle Mal belegt hätte, dass das generische Maskulinum „den Mann" meint: Was wäre gewonnen? Wie schlimm wäre das? Müssten wir dann definitiv zur Tat schreiten und die Sprache umgestalten? Wäre dann endlich klar, wo die Ungerechtigkeit steckt, hätte man sie dann dingfest gemacht? Befürworter der gendergerechten Sprache meinen, Sprechakte könnten genauso Gegenstand moralischer Bewertungen sein wie andere menschliche Handlungen. Der Sprachwissenschaftler Anatol Stefanowitsch argumentiert in seiner in dieser Debattenreihe erschienenen Streitschrift „Eine Frage der Moral – warum wir politisch korrekte Sprache brauchen" in Bezug auf das generische Maskulinum folgendermaßen: Niemand wolle in Texten ständig ungenannt bleiben und darüber nachdenken, ob er vielleicht „mitgemeint" sei. Deswegen müssten wir anderen Menschen zugestehen, dass wir sie in diesem Sinne sprachlich auf eine Weise behandeln, die sie explizit nennt.

viele trans*, inter* und/oder nicht binäre Menschen, sollen so nicht weiter unsichtbar gemacht, sondern sprachlich einbezogen werden. Die Verwendung von _ oder * soll darüber hinaus auch einen Raum für (Selbst)definitionen bieten. Eine umfassendere und feine Sache also.

Die Ablehnung des Gaps oder Sternchens wird oft damit begründet, dass sie vielleicht im geschriebenen Wort umsetzbar seien, wir sie aber nicht aussprechen könnten. Dabei ist auch hier die Lösung längst vorhanden und sehr einfach: An der Stelle des _ oder * wird nämlich nur eine kurze Pause gemacht, also zum Beispiel „Journalist [kurze Pause] innen".

Die Diskussion um geschlechtergerechte Sprache ist allerdings immer noch im Fluss und neben den bereits genannten gibt es noch weitere Möglichkeiten. Anstelle von Sternchen setzen andere zum Beispiel lieber einen Punkt, einen Doppelpunkt oder ein Ausrufezeichen. Aber auch jenseits von Satzzeichen lässt sich geschlechtersensibler sprechen, denn unsere Sprache gibt all das her. So werden manche Sätze mitunter schon durch kleine Änderungen von *jeder* zu *alle* geschlechtsneutral formuliert, statt *Lehrer* können wir *Lehrpersonal* schreiben und das Beispiel *Studierende* dürften die meisten von uns mittlerweile ohnehin kennen.

Diese Varianten setzen auf Flexibilität, Sichtbarkeit und ja, auch Kreativität. Die unterschiedlichen Schreibweisen von Binnen-I über Gap bis

Was aber ist das für ein Leiden, nicht repräsentiert zu sein? Sprache, so die Logik der Befürworter gendergerechter Sprache, ist das Medium, in dem sich uns sämtliche Bereiche der Welt erschließen. Wer in ihr nicht vorkommt, der kommt in unserer Wahrnehmung nicht vor, wer in der Wahrnehmung nicht vorkommt, der ist nicht „sichtbar", wer nicht „sichtbar" ist, dem mangelt es an gesellschaftlicher, politischer, narrativer Teilhabe. Abgesehen davon, dass ich wirklich noch kein einziges Mal darüber nachgedacht habe, ob ich in einem Text, der im generischen Maskulinum verfasst ist, mitgemeint bin oder nicht: Natürlich ist Sprache ungerecht, sie ist sogar radikal grausam, wenn man so will, sie versagt uns ständig die Bedürfnisbefriedigung. Man will dieses Grün beschreiben und es gelingt einem nicht, man will dieses seltsame passiv-aggressive Gefühl in Worte fassen, das einen jedes Mal überkommt, wenn man diesen einen Kollegen sieht, und es gelingt einem nicht. Man will jemandem sagen, wie man ihn liebt, und es gelingt einem nicht. Kaum hat man etwas gesagt, ist da schon ein neuer Sachverhalt, eine neue Facette, die in dem eben Gesagten nicht erfasst wurde. Sprache ist ein Fluch und eine Lust, Sprache ist ein Ungetüm der Grammatik und der Gesetze, die wir anwenden, manchmal ohne sie erklären zu können, Sprache ist der Resonanzraum unserer Existenz und die Grenze unseres Welterfassens, Sprache ist der Raum der Macht und der archäologischen Schichten unserer Grausamkeit und unseres Begehrens. Nur eines

Sternchen sind übrigens derzeit weder richtig, noch sind sie falsch. Das liegt daran, dass die amtliche Rechtschreibung bisher nichts dazu sagt. Insofern bleibt es bislang einzelnen Institutionen und Menschen überlassen, wie sie das für sich regeln wollen.

Das klingt im Grunde ziemlich entspannt. Wer allerdings geschlechtergerechte Sprache nutzen möchte, wird dafür leider häufig noch verspottet bis angefeindet. Die Abwehrreaktionen auf Vorschläge zu einer geschlechtergerechten Sprache variieren dabei von bloßem Unverständnis („Wer braucht sowas?") über Ablehnung („Frauen sind doch mitgemeint.") bis hin zu konkreten Angriffen („Luxusdebatte! Sprachpolizei!").

Gerade in den letzten Jahren wurde vor allem der letzten Position medial sehr viel Debattenraum gegeben, was zu einem Punkt extremer Polarisierung geführt hat. Der anhaltende gesellschaftliche Rechtsruck tut sein Übriges dazu, jedes auch nur ansatzweise konstruktive Debattenklima zu vergiften. Wer sich in die Debatte um geschlechtergerechte Sprache begibt, sollte jedenfalls gut gewappnet sein: Man sticht quasi bei vollem Bewusstsein in ein Wespennest – und muss dann auch noch daneben stehen bleiben.

Dabei kann ich sogar verstehen, dass ein Vorschlag wie das Gendersternchen zunächst verwundert. Im Fall des Gendergaps ist das sogar das erklärte Ziel und meine erste irritierende Begegnung damit habe ist sie sicher nicht: Mittel zur Herstellung von Gerechtigkeit durch korrektes Repräsentieren. Wir sollten die Sprache lassen, wie sie ist, um uns daran zu erinnern: Sprache ist insofern demokratisch, als wir alle an ihr scheitern. Das ist ihre Gerechtigkeit.

Die Argumentation, dass Sprechakte Handlungen seien und deswegen moralischen Bewertungen unterliegen könnten, ist verkürzt. Das klassische Beispiel für einen Sprechakt ist das „Hiermit erkläre ich euch zu Mann und Frau" auf dem Standesamt oder in der Kirche: Der Sprecher vollzieht das von ihm Gesagte, indem er es spricht. Er begeht im wortwörtlichen Sinne eine Sprachhandlung. Die Ausweitung dieser Vorstellung auf jede Art des Sprechens ist nicht unproblematisch; sie impliziert ein radikales Verständnis von Sprache, das zumindest diskutiert werden sollte, bevor man es der Öffentlichkeit als aktuellsten Stand sprachphilosophischer Forschungen präsentiert. Wäre das nicht fast Magie, eine Welt in der wir ständig adäquat oder inadäquat benannt werden können, indem an jedem Sprechen, jedem Schreiben die Frage der Gerechtigkeit hängt?

Man kann das mit dem Gendern machen. Man darf bloß nicht glauben, dass dadurch Gerechtigkeit geschaffen würde. Nochmal: Ich behaupte nicht, dass alles in Ordnung sei, so wie es ist. Ich behaupte nur, dass es nicht die Aufgabe von Sprache ist, „in Ordnung" zu sein. Ich bin keine ich ja bereits beschrieben. Insofern war sie aber ein voller Erfolg, denn so lernte ich, dass unser vorherrschendes Geschlechtersystem mit seinen beiden Optionen Mann oder Frau absolut unzureichend ist, um die wahre Vielfalt unserer Geschlechtsidentitäten zuzulassen. Da ich ohnehin schon darum bemüht war, Frauen mitzuschreiben, musste ich mir also nur die folgenden beiden Fragen stellen und beantworten:

Wird mir irgendetwas weggenommen, wenn ich so schreibe?

– Nein, aber dafür wird anderen Menschen mehr Sichtbarkeit gegeben, so wie ich es für mich als Frau ja auch möchte.

Ist es schwieriger so zu schreiben oder sprechen?

– Wenn ich ehrlich bin, ist es eigentlich nur anders. Und damit ist es bloß eine Frage der Gewöhnung.

Meine Entscheidung war damit klar.

Das Mantra „Frauen sind mitgemeint“ kommt in Bezug aufs generische Maskulinum aber oft genug von Frauen selbst. Wir hinterfragen weniger, warum ein kleines *-in* am Wortende uns schon solch ein Unbehagen bereitet, sondern schieben es lieber gleich beiseite. Wer nämlich Wert darauf legt, dass geschlechtergerechte Sprache wichtig ist, muss sich im ersten Schritt zunächst mal eingestehen, dass es Sexismus gibt und wir davon

Sprachhistorikerin, aber ich würde – mit den Befürwortern gendergerechter Sprache – doch stark davon ausgehen, dass das generische Maskulinum in irgendeinem Bezug zu der abendländischen Denktradition steht, die den Mann als universales Subjekt setzt. Mich interessiert aber nicht so sehr, ob Frauen darin nun „mitgemeint" sind oder nicht und ob das nun gut oder schlecht ist. Viele Gegner gendergerechter Sprache argumentieren ja, dass Sprache nicht so wichtig sei, dass man stattdessen die soziale Realität ändern müsse. Sie sagen, wenn es mehr Astronautinnen gäbe, dann würde vor meinem inneren Auge auch das Bild von aus dem Raumschiff steigenden Astronautinnen entstehen, wenn ich den Satz höre „Die Astronauten steigen aus dem Raumschiff". Das ist nicht mein Kritikpunkt, denn hier gibt es keinen Konflikt: Man ist sich prinzipiell einig, dass gendergerechte Sprache etwas Gutes ist, man streitet nur über den Platz, den sie auf der Rangleiter des Guten verdient.

Ich würde das viel grundsätzlicher infrage stellen. Lassen wir das generische Maskulinum stehen, nicht obwohl es ungerecht ist, sondern weil es ungerecht ist. Maßen wir uns nicht an, wir könnten in einer Eins-zu-eins-Umgestaltung die Bildwelten in unserem Kopf ändern. Tun wir nicht so, als wäre der Wunsch, es möge mehr weibliche Astronauten geben, ein gesamtgesellschaftliches Anliegen, das auch der letzte Chauvi mitdenken muss, wenn er in der Schule schreiben lernt. Menschen sind sehr verschieden, Sprache (nicht betroffen sind. Dies macht uns aber angreifbarer und auch verletzlich. Aber wer möchte als „schwach" gelten in einer Gesellschaft, die nur das (männliche) Gegenteil der Stärke belohnt? Eben.

Wenn Frauen mit ihren Bedürfnissen Raum einnehmen (im wahren wie übertragenen Sinne), gilt die sexistische Formel: Ein bisschen ist genug und genug ist definitiv zu viel. Werden wir also in der Sprache sichtbar(er) und nehmen mehr Platz als sonst ein, brechen wir mit dieser Formel, was sich dann für viele ungewohnt bis unangenehm anfühlt. Sichtbarkeit in der Sprache sogar zu fordern, käme den meisten Frauen daher nicht mal in den Sinn. Sie betonen eher, wie unwichtig das Ganze sei und grenzen sich auch gern gegen Frauen ab, die das anders sehen. Diese sind dann lediglich „unentspannt" und „übertreiben": ein sexistischer Move, der auch als „Coole Mädels"-Syndrom bezeichnet wird und zeigt, wie verinnerlichter Sexismus funktioniert.

Die harte Abwehrhaltung rührt aber auch daher, dass uns ständig eingeredet wird, wir kämen schon zum Zuge, wenn wir nur gut genug sind. Dieses neoliberale Denken mischt sich vor allem im Berufsleben zum verinnerlichten Sexismus und verklärt strukturelle Probleme zu ganz privaten. Während zig mittelmäßige Männer an uns vorbei befördert werden, können wir Frauen schließlich nur noch uns selbst die Schuld geben, statt Strukturen zu kritisieren.

im Sinne des individuellen Schreiben- oder Sprechenkönnens, sondern im Sinne der Teilhabe an der symbolischen Ordnung) ist etwas, das uns allen „gehört“, aber eben nicht im Sinne eines freundlichen Knetkuchens, in den jeder seinen Fingerabdruck hineinpampen kann, sondern als ein wildes poetisches Gesetz, durch das unsere Existenz in der Welt ihre Struktur erhält. Können wir unsere Kastration ertragen?

Oder ist es vielleicht so, dass unser derzeitiges Unbehagen an der Sprache Symptom von etwas anderem ist? Erinnert der von den Befürwortern gendergerechter Sprache geäußerte Wunsch danach, „angemessen“ bezeichnet zu werden, andere Identitäten als die vermutete universal-männliche *in der Sprache* (wo ist das?) wiederzufinden, nicht an die allgemeine Lust dieser Tage, sich irgendwelchen Identitätskategorien zuschreiben zu wollen? Deutsch, weiblich, transgender, sapiosexuell – es reicht nicht, das alles zu *sein*, es muss auch eine Entsprechung in der symbolischen Ordnung haben. Genau das meint dieser erweiterte Gerechtigkeitsbegriff: Gerechtigkeit ist, wenn einem in der Sprache das zuteilwird, was einem angemessen ist.

Verstehen Sie mich nicht falsch, ich glaube nicht, dass sich das Gendern aufhalten lässt und ich bin wie gesagt auch nicht komplett – das heißt, nicht in allen Fällen – dagegen. Ich bin vielmehr dafür, im aktuell aufgeregten Hin- und Hergeschnappe fünf Schritte zurückzutreten und etwas zu seinem Recht

Bei den Abwehrreaktionen zu geschlechtergerechter Sprache sehen wir also Abstufungen aus einer Mischung von unbewussten und bewussten Vorurteilen. Durch Aufklärung können diese Konflikte in der Regel durchaus aufgelöst werden. Anders ist es bei den extremen Gegner_innen, die bewusst jegliche konstruktive Debatte manipulieren und meistens aus dem rechten politischen Spektrum stammen.

Diese tatsächliche *Sprachpolizei* kommt jedes Mal sofort angefahren, verbietet sämtliche Bemühungen, Sprache gerechter zu gestalten, und erhebt nicht nur den Zeigefinger, sondern auch einen Anspruch auf Allgemeingültigkeit. Sprache ist in ihren Augen wahlweise ein „Luxusproblem" – „Sagen die dann auch *Salzstreuerin*, hahaha!" – oder wir stehen ihrer Meinung nach kurz vor der Einführung von [an dieser Stelle kommt dann irgendein vollkommen absurder Vergleich zu einem diktatorischen Regime].

Sprache ist aber nie Luxus, sondern unser Alltagswerkzeug schlechthin. Dieses Werkzeug daraufhin zu prüfen, wem es mehr nutzt als anderen, und es anzupassen, schließt außerdem nicht aus, genauso auf andere Probleme hinzuweisen. Im Gegenteil: Gerade Feminist_innen sind äußerst gut darin, ihre Finger gleichzeitig in mehrere gesellschaftliche Wunden zu legen.

Das revolutionäre Potenzial einer gerechten Sprache ist den extremen Gegner_innen vollkommen zu verhelfen, das meinem Empfinden nach heute viel zu wenig Gehör bekommt: dem Zweifel. Einst eine Urtugend des Intellektuellen, hat er heutzutage einen offensichtlichen Nachteil. Wer zweifelt, kann seinem Zweifel zwar scharf und polemisch Ausdruck verleihen; auch kann er, um weltanschauliche Verfestigungen (eigene, fremde) durchzurütteln, vorübergehend einen festen Standpunkt beziehen, ihn vertreten, als glaubte er an ihn, nur um sich danach umso lustvoller fallen zu lassen ins Meer des Zweifels (das alles ist nicht zu verwechseln mit Standpunktlosigkeit; schon der Zweifel selbst ist ja, als aufklärerische Praxis, die Anwendung eines ethischen Prinzips). Was er allerdings nicht gut kann, ist das Ja-nein-Geschreie, das uns alle dieser Tage so ermüdet.

Warum diese Diskussion so emotional ist? Ich glaube, dass wir – und damit meine ich beide Seiten – nicht in der Lage sind, den Gedanken auszuhalten, dass wir ideologisch sind. Die Befürworter gendergerechter Sprache halten ihre Umsetzung für eine moralische Notwendigkeit, für ein längst gebotenes *because it's 2018*, dem die Gegner gendergerechter Sprache nur noch als eine Art lästige, schrullige, vorübergehende Erscheinungsform eines „Backlashs" entgegenstehen. Sie wollen nicht verstehen, woher es kommt, dass bei vielen Menschen die Assoziationskette „Sprachregelungen im Sinne eines bestimmten Weltbildes" auf eine ziemlich ungute Weise abgespeichert ist. Sie verstehen nicht – und das gilt für viele Äußerungsformen kulturlinken bewusst. Die Heftigkeit ihrer Angriffe beruht auf der Heftigkeit ihrer Ziele: Denn sie wollen lieber diskriminierende Machstrukturen sowohl in der Sprache als auch gesamtgesellschaftlich weiter durchdrücken.

Jahrtausendelang bestimmten vor allem Männer über gesellschaftliche Konventionen und kamen unter anderem zu der historischen Übereinkunft, Geschlechtervielfalt aus der deutschen Sprache herauszuhalten. An dieser Übereinkunft waren also sehr viele Menschen nicht beteiligt, die heute mehr als ein Wörtchen mitzureden haben. Wir **fühlen** uns ja nicht nur falsch angesprochen, sondern wir **werden** falsch angesprochen. Das allein sollte Grund genug sein, etwas daran ändern zu wollen. Geschlechtergerechte Sprache ist aber nicht nur eine Frage von Höflichkeit und Respekt. Denn wenn neben dem männlichen alle weiteren Geschlechter nur „das andere" bleiben, ein „Special Feature", auf das wir keinerlei Anspruch haben und das mindestens zum Preis von Spott und Anfeindungen erkauft werden muss, werden damit auch weitere Fortschritte Richtung Geschlechtergerechtigkeit blockiert.

Sprache ist ein Baustein von vielen, um Geschlechtergerechtigkeit zu erlangen. Sie wird nicht alles lösen, ist aber zentral, um weiterzukommen. Sie ist eine einfache, direkte wie wirkungsvolle Möglichkeit, selbst an der Gleichstellung der Geschlechter mitzuschrauben, die nicht zuletzt auch unser Grundgesetz vorsieht. Uns allen stehen Rechte und eine

Aktivismus, wie er sich dieser Tage vor allem im Internet zeigt –, dass jede Form von Bewusstseinsarbeit im Dienste einer guten Sache das Potenzial hat, ins Totalitäre zu kippen. Wann dieser Punkt gekommen ist, ist nicht so leicht festzustellen, und deswegen halte ich es für die moralische Pflicht eines jeden, der emanzipatorische Ziele verfolgt, die Möglichkeit solcher totalitären Momente zumindest im Auge zu behalten.

Die Befürworter gendergerechter Sprache tun so, als gäbe es einen philosophischen, moralischen, linguistischen Konsens, der sich mit „Sprache bestimmt das Bewusstsein, wir wollen das Bewusstsein ändern, also müssen wir die Sprache ändern" zusammenfassen lässt. Die Schaffung eines neuen Signifikanten schafft nicht weniger Ungerechtigkeit, es schafft nur neue Ungerechtigkeit. Das Übel ist nicht in der Sprache, es steckt nicht in den Signifikanten. Es steckt in uns. Die Widerständigkeit der Sprache, ihre Ungerechtigkeit, ist ein Geschenk, das uns daran erinnert.

Gestaltungsmacht zu, wie unsere Gesellschaft aussehen soll. Dieses Bewusstsein verstärkt sich auch durch Sprache. Nur wer mitgenannt wird, wird auch tatsächlich mitgedacht. Wer sich nicht erst ständig aus der Unsichtbarkeit schälen muss, nimmt sich selbst und die eigenen Wünsche selbstverständlicher wahr – und ihre_seine Interessen können von anderen nicht weggeredet werden. Wer mit am Tisch sitzt, kann mitentscheiden, statt übergangen zu werden.

„Das haben wir schon immer so gemacht!" war jedenfalls selten eine gute Richtschnur für eine Gesellschaft. Frauen dürften immer noch nicht wählen, Vergewaltigung in der Ehe wäre ein „Kavaliersdelikt" und die Ehe für alle in weiter Ferne – um nur ein paar Beispiele zu nennen. Was Sprache anbelangt, würden wir vermutlich immer noch Mittelhochdeutsch reden. Sprache ist aber schließlich einzig darin konstant, dass sie sich immer wieder wandelt. Wir updaten unsere Sprache regelmäßig mit neuen Begriffen und Ideen, um sie unserer Welt und unseren Bedürfnissen besser anzupassen.

Was spricht also gegen ein Update zu mehr Gerechtigkeit?

?!

Die Zukunft:

WIE SIEHT DAS GANZE IN ZEHN JAHREN AUS?

Juli Zehs Roman „Leere Herzen" spielt im Jahr 2025: Eine Partei vom rechten Rand hat die Macht übernommen, die UNO wird aufgelöst ... Wie steht es nach Ihrer Meinung in 7 Jahren um das Thema Männer- und Frauenrechte? Und gendern wir alle Texte oder haben wir uns – nach intensiver gesellschaftlicher Diskussion – entschlossen, das generische Maskulinum als solches gelten zu lassen? Oder haben wir eine ganz andere Lösung gefunden?

! PRO

Ich glaube, dass wir, was die Verwendung und Normalisierung geschlechtergerechter Sprache angeht, an einem zentralen Wendepunkt stehen. Damit ist die Frage danach, wie wir in der nahen Zukunft sprechen werden und ob es tatsächlich geschlechtergerechter sein wird, allerdings auch nicht so einfach zu beantworten. Sie ist aber wiederum eng damit verwoben, wohin sich unsere Gesellschaft im Allgemeinen entwickelt.

Denn wie eine Gesellschaft mit Frauenrechten und den Rechten von Minderheiten umgeht, sagt auch immer etwas über ihren allgemeinen Zustand aus. Insofern lässt sich der Geschlechteraspekt gar nicht getrennt davon diskutieren, gerade wenn wir weltweit beobachten können, wie in Rekordzeit zum Beispiel Frauen die Selbstbestimmung über ihren Körper unmöglich(er) gemacht wird. Die bisherigen Errungenschaften der Geschlechtergerechtigkeit wurden eben **errungen** und keineswegs geschenkt. Aber wenn wir es uns im Status quo zu bequem machen, können sie vor allem in Zeiten des Rechtsrucks sehr schnell wieder wegbrechen – das zeigt nicht zuletzt die Geschichte.

Ich sehe jedenfalls vor allem zwei mögliche Szenarien, die sich durchaus als Dystopie und Utopie lesen lassen.

Szenario eins: die Dystopie. Wenn es schlecht läuft – Understatement des Jahrhunderts –, dann sprechen wir alle wieder Nazi-Vokabular und erinnern uns nicht einmal mehr, wie es so weit kommen konnte.

Zuerst ein Geständnis: Ich gendere manchmal. Gerade in E-Mails an meine Kollegen bereitet es mir ein gewisses Vergnügen, sie mit einem Sternchen zu adressieren – weil es den Zustand hervorhebt, dass es in unserer Redaktion im Moment (das war nicht immer so) nur zwei Frauen gibt. Deswegen schreibe ich meine Kollegen gerne als Kolleg*innen an – das Sternchen wird zum Platzhalter künftiger Kolleginnen. Ich glaube daran, dass auf einer informellen Ebene solche Hybridisierungen stattfinden werden, also ein kreatives Durcheinander verschiedener Schreibweisen. Die taz gendert, verschiedenste Blogs und auf Facebook postende Menschen gendern, neulich entdeckte ich das Sternchen in der Spielzeitvorschau des Berliner Ensembles.

Wie wird es bei Behörden aussehen, in Schulen, in Krankenhäusern? Soweit ich weiß, gibt es in Deutschland keine einheitliche Regelung oder Empfehlung, wie es zu handhaben sein sollte. Wird das Sternchen Erkennungszeichen eher linker, künstlerischer Institutionen bleiben, werden sich weltanschaulich weiter in der Mitte stehende und konservative Institutionen da, wo es geht, für eine gediegene Doppelnennung entscheiden? Letzteres tue ich in Artikeln, manchmal. Ich glaube, meine persönliche Regel geht da so: Wenn es sich um eine konkrete Situation und Personengruppe handelt, versuche ich eine Doppelnennung, sie ist aber auch garantiert eines der ersten Dinge, das dem Löschen zum Opfer fällt, wenn der Text nicht ins Layout passt. Also: „Neulich stritten sich die Studentinnen

! PRO

Über Jahre hinweg haben wir menschenfeindliche Begriffe und Botschaften hinter Begriffen wie *Gutmensch, Asyltourismus* oder *Genderwahn* immer wieder gehört und schließlich so sehr verinnerlicht, dass wir nicht mal mehr zusammenzucken. Wir sind abgestumpft, haben verdrängt und vergessen. Sprache ist nur noch eine Waffe, die wir auf alle richten, die „anders" sind. Wir normalisieren die Brutalität. Die Hemmschwellen zur Gewalt sind schon lange verschwunden. Denn wo sich Sprache radikalisiert, radikalisieren sich auch Gedanken, die Grundlagen unserer Handlungen. Wer sich an der Landesgrenze abschottet, tut es eben auch im Kopf.

Vorher hieß es immer, wir hätten aus der Geschichte nichts gelernt. Das stimmt nur bedingt: Die neue Rechte hatte schließlich ihr gesamtes Manipulationshandwerk aus der Geschichte gelernt. Zu viele von uns wollten das lange nicht wahrhaben. Dabei galt und gilt immer noch, was der italienische Schriftsteller Primo Levi über den Holocaust und seine Gefangenschaft in Auschwitz sagte: „Es ist geschehen, und folglich kann es wieder geschehen: Darin liegt der Kern dessen, was wir zu sagen haben."

Die zuvor freien Medien wurden von der neuen Rechten als „Lügenpresse" verleumdet. Um sich dieses Vorwurfs zu entledigen, boten viele Medien in vorauseilendem Gehorsam im Laufe der Zeit fast nur noch eine Plattform für die Manipulationsbotschaften der neuen Rechten. Nicht einmal die und Studenten des Butler-Seminars mit Professorin Müller über gendergerechte Sprache." Wenn ich aber, wie in der Antwort auf die erste Frage in diesem Interview, davon spreche, dass „wir Studenten" damals in der Dekonstruktion eine Form des Protests gesehen haben, dann meine ich „Studenten" eher im Sinne einer Studentenschaft, da gilt für mich weiterhin: Das männliche Genus steht für das Allgemeine. Ein generisches Femininum finde ich albern.

Vielleicht lässt sich meine Flatterhaftigkeit in Bezug auf die Frage, ob und wann man gendern sollte, so formalisieren: Es ist mir sympathisch als Interruption, als informelle, manchmal ironische Variation im Schriftbild, als Symptom eines Problems. Es ist mir unsympathisch, wenn es auf der Seite der Macht, des Gesetzes steht: weil es dann die oben von mir beschriebene Illusion füttert, auf der Ebene der Zeichen sei Gerechtigkeit möglich oder erstrebenswert.

Um noch einmal ganz kurz auf die Streitschrift für politisch korrekte Sprache von Anatol Stefanowitsch zurückzukommen: An einer Stelle in seiner Argumentation widmet der Sprachwissenschaftler sich einem Einwand, der von vielen vorgebracht wird: das Gendern sei hässlich. Der Einwand, so Stefanowitsch, sei nicht gültig, weil Sprache „jenseits der Poesie" der Kommunikation diene, bei der es nicht um Ästhetik gehe. Ich möchte nicht persönlich werden, aber ich stelle mir so ein Leben wirklich schwierig vor, in dem Kommunikation meisten Menschen, die täglich mit Sprache arbeiteten, deren Job es war, die Welt zu analysieren und zu erklären, nahmen also ihre sprachliche Verantwortung konsequent wahr.

Es gehörte zum Kalkül der Rechten, das Wort *Gender* bewusst mit falschen Bedeutungen aufzuladen und zum Kampfbegriff zu machen. So konnten zum Beispiel die Gender Studies attackiert und ihre Erkenntnisse vernichtet werden. Die Forschungsfreiheit war vorbei, wie auch Freiheit allgemein. Niemand traut sich noch auf die Straße oder ins Netz, um sich für Meinungsvielfalt und Menschenrechte auszusprechen. Alles was an Vielfalt existiert, muss versteckt werden, ob in Worten oder an Körpern.

Die bittere Erkenntnis lautet, dass aus der Geschichte zu lernen, leider nicht automatisch heißt, aus Fehlern, Verbrechen und Unmenschlichkeiten alles Menschenmögliche abzuleiten, damit es nie wieder so weit kommen kann.

So weit also zum ersten Szenario. Ja, das war düster (sorry, not sorry), aber ich fürchte, es ist nicht komplett unrealistisch. Ich schreibe das nicht, um auf Biegen und Brechen einen dramatischen Schlusspunkt zu setzen – die Lage ist nämlich bereits dramatisch. Denn wir leben in Zeiten, wo der Bundestag wieder ein historisches Tief bei der Zahl weiblicher Abgeordneter zeigt, nahezu jeden Tag rassistische Angriffe passieren und sogar Menschenrechte wieder zur Diskussion gestellt und Poesie derart getrennt voneinander zu existieren verdammt sind. Kennen Sie die Lust, der Hausverwaltung ein Problem in allen sadistischen Subtilitäten der bürokratisch adäquaten Sprache ausführlich zu schildern? Na ja, vielleicht ist das eine persönliche Marotte, aber Sie verstehen, was ich meine: Es sollte nicht darum gehen, neue Korrektheiten herzustellen, sondern zu spielen, zu poetisieren.

Ich hoffe also nicht, dass wir in zehn Jahren in einem Klima leben, in dem es gesellschaftlich sanktioniert wird, im Alltagssprachgebrauch, sei er mündlich oder schriftlich, nicht zu gendern. Die Frage nach dem Verhältnis von schriftlich und mündlich ist im Zusammenhang mit der gendergerechten Sprache übrigens sowieso sehr interessant, denn gerade bei Sternchen, Unterstrich & Co stellt sich ja auch die Frage: Was bedeutet es, das da im Schriftbild eine Lücke, ein Platzhalter, etwas Neues, eine Irritation ist, wenn sie nicht – oder nur schwierig – gesprochen werden kann? Ich glaube, dass wir in zehn Jahren in einer Gesellschaft leben, in der so etwas wie die Anrede der Saarbrückener Sparkasse an die Kundin Marlies Krämer eher nicht mehr zeitgemäß sein wird. Ich glaube, dass bei den meisten offiziellen Schreiben irgendeine Form des Genderns institutionalisiert werden wird, einfach weil jüngere Menschen nachrücken und es denen schon fast natürlich geworden ist. Ich glaube aber nicht, dass die Menschen im Alltag „sperrige" Formulierungen annehmen werden, nur weil sie „gerecht" sind.

werden sollen. Allein die letzten paar Jahre zeigen, wie schnell sich ein gesellschaftliches Klima verändern kann.

In welche Richtung das geht, haben wir in der Hand. Kommen wir also zu Szenario Nummer zwei: die Utopie. In dieser nicht allzu fernen Zukunft haben wir nämlich endlich ein Allgemeinverständnis davon, welchen Einfluss und damit auch welche Macht Sprache auf unser tägliches Denken und Handeln hat. Wir sind uns bewusster darüber, dass und wie Worte verletzen können, und sind deshalb insgesamt umsichtiger geworden. Aber auch das Verständnis davon, dass unsere Gesellschaft immer noch ein Erbe an strukturellen Diskriminierungen in sich trägt, ist gewachsen und mehr Menschen versuchen, dem bewusst zu begegnen. Sie haben verstanden, dass etwas wie Sexismus oder Rassismus nichts ist wie eine Erkältung, die man hat oder nicht. Sondern dass es hierbei um strukturelle Diskriminierungen geht und diese vielmehr wie Plaque sind: Entweder wir putzen uns täglich so gut es geht die Zähne oder das Ganze wird recht bald ziemlich eklig.

In der Sprachdebatte sind wir an einem Punkt angekommen, der durch tatsächliches Zuhören und Akzeptanz geprägt ist. Wir haben damit angefangen zu erkennen, dass es nicht „die eine“ Form geschlechtergerechter(er) Sprache gibt. Die meisten von uns haben zwar mittlerweile verschiedene Varianten ausprobiert und eine bevorzugte für sich gefunden, bleiben aber offen für neue Vorschläge, die definitiv auch weiterhin kommen werden.

Die Befürworter gendergerechter Sprache glauben, dass die Umkodierung unseres existenziellen Mediums, der Sprache, eine wichtige konstitutive Maßnahme in einem allgemeinen emanzipatorischen Gesellschaftsprojekt ist, das zu einem irgendwie „besseren", „gerechteren" Gesamtzustand führt. Ich weiß nicht, wie ich das jetzt formulieren soll, ohne völlig kulturpessimistisch zu klingen (und ohne mir den Vorwurf einzuhandeln, ich würde Whataboutism betreiben, also die Wichtigkeit eines Anliegens zugunsten des Drängens anderer runterspielen): Ich glaube, dass gerade derartig viel auf dem Spiel steht, dass ich nicht weiß, wie redlich es ist, sich in diesen Grabenkämpfen zu engagieren. Das Internet verführt zwar bekanntlich dazu, den vergleichsweise winzigen Resonanzraum der persönlichen, in meinem Fall publizistischen (Social-Media-)Aktivität mit „der Gesellschaft" zu verwechseln. Aber dennoch: Ich kenne die Wut derer, die ihr Weltbild zusammengebastelt haben aus ihrem „Genderfeministinnen"-Baukasten: Sie halten die gendergerechte Sprache für das geistesgestörte Instrument eines bolschewistischen Umerziehungsplanes der Gender-Eliten. Das ist ein bisschen lustig, aber es ist auch ein bisschen entsetzlich: weil sich darin so viel von dem zeigt, was aktuell die Fronten verhärtet, weil darin ressentimentgetriebene Gemeinplätze kondensieren, die, so muss man fürchten, noch fruchtbarer werden können. Muss man diese Wut füttern?

Ich halte das „Mitgedachtwerden" von Frauen in der Sprache für kein notwendiges Kriterium zur

Einheitliche Regelungen gibt es lediglich für Gesetzestexte oder Leitfäden für Institutionen und Medienplattformen. War das erst mal eine Herausforderung? Na klar. Aber am Ende waren die meisten von uns überrascht, wie schnell sie sich doch dran gewöhnten und sich damit nicht nur ihre Gedankenwelt vergrößerte. Doch Sprache war hier nur der Anfang.

Während für viele von uns lange abstrakt blieb, welche konkreten Auswirkungen Sprache auf unser Denken und Handeln eigentlich hat, können wir uns nun sprichwörtlich eine andere, eine gerechtere Zukunft vorstellen und sie auch umsetzen.

In unseren gesellschaftlichen Debatten geht es nicht nur um Sorgen wie Altersarmut, Alltagsrassismus oder sexualisierte Gewalt, sondern wir sprechen über echte Lösungsansätze und Maßnahmen. Die ersten Erfolge sehen wir bereits, denn Geschlechtergerechtigkeit ist über die unterschiedlichsten Institutionen hinweg als Leitgedanke verankert worden. So gehen mehr junge Männer in Pflegeberufe, trans*- und intergeschlechtliche Menschen können selbst über ihren Geschlechtseintrag entscheiden, junge Frauen werden von der feministischen Außenpolitik unserer Bundesregierung inspiriert. Im Bundestag ist ohnehin endlich die Vielfalt an Geschlechtern, Altersgruppen, Hautfarben, sozialen Schichten und dergleichen angekommen, wie wir sie aus unserem Alltag schon längst kennen. Eine repräsentative Demokratie, die diesen Namen wahrlich verdient, während

Rettung unserer westlichen Demokratien. Und ich halte gendergerechte Sprache für kein notwendiges Kriterium eines aufgeklärten Miteinanders. Wo wir in zehn Jahren sind, das hängt davon ab, was wir jetzt tun, wie wir die mühsam errungenen, unhintergehbaren Grundwerte unserer Zivilisation verteidigen, wie es uns gelingt, eine Gesellschaft zu schaffen, in der wir weiter (wieder?) miteinander reden, wie wir verhindern, dass rechtspopulistische Parteien unsere Diskurslandschaften verwüsten. Wie wir unsere Menschlichkeit bewahren. Das alles sind hilflose Floskeln, aber sie sind ja wahr.

Ich glaube nicht, dass wir in zehn Jahren in irgendeiner Art von Dystopie leben, aber wenn es so weitergeht wie im Moment, dann leben wir vielleicht in einem völlig desintegrierten Europa, von dem sich einige Länder in Autokratien verwandelt haben. Und welcher Art die Narben sind, die die Art und Weise, wie wir gerade über Flüchtlinge reden, im Gewebe unserer Selbstkonzeption als Deutsche und Europäer hinterlassen, wissen wir noch nicht. Wie schnell wir bereit sind, den Diskurs der Rechten zu übernehmen und die Tradition der Aufklärung in die Tonne zu kloppen, ist ein bisschen unheimlich.

Dass reaktionäre Entwicklungen immer auch das Frauenbild betreffen, sieht man an der gerade wieder aufkochenden Diskussion um das Abtreibungsrecht. Wir müssen einen Weg finden, die Zuwanderer zu integrieren, ihnen eine Perspektive unsere zweite Bundeskanzlerin kurz vor ihrem Amtsantritt steht.

Wir haben erkannt, dass wenn wir uns diese Welt und unsere eigene Gesellschaft nicht einmal in unserer Vorstellung anders erdenken können, wir sie auch nie wirklich zum Besseren verändern werden. Es heißt schließlich nicht umsonst Vorstellungs**kraft**. Diese Kraft müssen wir nutzen – und geschlechtergerechte Sprache ist ein Schritt, um das zu tun.

Das ist die Utopie, aber sogar das Bundesverfassungsgericht hat mittlerweile anerkannt, dass eine binäre Geschlechterordnung nur eine Fiktion sein kann. Geschlechtliche Vielfalt existierte jedenfalls schon immer. Verändert hat sich lediglich die Tatsache, dass wir heute aufgrund neuer Medienmöglichkeiten mehr Stimmen von zum Beispiel trans* und inter* Personen überhaupt wahrnehmen können.

Lann Hornscheidt gehört zu diesen wichtigen Stimmen und bringt die Sprachdebatte auf den Punkt: „Sprache ist etwas Lebendiges und eine Handlungsform. Sprache muss mensch nicht richtig machen. Statt immer neue Regeln aufzustellen, sollte die Idee im Vordergrund stehen, dass Menschen aktiv Verantwortung übernehmen für ihr Sprechen. Denn alles Handeln ist politisch."[1]

---

1 http://kleinerdrei.org/2016/09/alles-handeln-ist-politisch-ein-plaedoyer-fuer-das-gendern-mit-doppelpunkt-und-ein-gespraech-mit-lann-hornscheidt/

zu bieten, mit ihnen ins Gespräch zu kommen, wir müssen, gerade auch was das Zusammenleben der Geschlechter betrifft, jedem klarmachen, welche Regeln hierzulande gelten. Wenn das alles nicht gelingt: Dann hilft es auch niemandem, wenn die Grabreden auf Europa in gendergerechter Sprache gehalten werden.

In welcher Welt wir leben werden? Ein Freund von mir schrieb neulich in einem Artikel über digitale Währungen, dass wir keine Vorstellung davon hätten, wie anders unser Leben in fünf Jahren aussehen würde: Unsere Autos würden dann für uns die Parkgebühren bezahlen. Angesichts dieser winzigen, ultratechnischen, superkonkreten und eigentlich gar nicht so viel Vorstellungskraft erfordernden Utopie musste ich lachen. Ich glaube, wir haben sehr wenig Fantasie, und gerade, was sich an Umwälzungen durch digitale Technologien abzeichnet, kann ich persönlich mir nicht ausmalen. Jedenfalls hatte ich vor zehn Jahren auch keinerlei Vorstellung von der intimen Beziehung, die ich einmal mit einem Smartphone haben würde.

Zum Schluss etwas Positives: Ich glaube, dass Frauen in Führungspositionen streben. Ich glaube, dass wir gerade dabei sind, neue, andere Arten des Arbeitslebens und somit auch andere Verteilungen von Macht zu etablieren, andere Codes des Miteinanders, der weiblichen Solidarität. Ich hoffe, dass noch mehr Männer lernen, Frauen zu fördern. Ich hoffe, dass es irgendwann demnächst

Gekünstelt und weltfremd ist es jedenfalls, immer noch so zu reden, als bestünde unsere Welt nur aus Männern und wäre damit für Männer gemacht. Unsere Wirklichkeit sieht doch längst anders aus. Die Frage nach einer gerechten Sprache dreht sich jedenfalls nicht nur darum, ob man nun ein Sternchen, einen Unterstrich oder was auch immer verwendet: Diese Frage dreht sich in erster Linie darum, warum wir unser alltäglichstes Werkzeug, die Sprache, nicht dazu benutzen, auch unseren tatsächlichen Alltag damit abzubilden?

Wir können dabei nur präziser, offener und gerechter werden. An solchen Bemühungen sind Gesellschaften stets gewachsen und zwar zum Besseren – denn auch das lernen wir aus der Geschichte.

in Berlin genug Kitaplätze gibt. Ich hab noch keine Kinder, aber das wäre dann schon praktisch, und ich fände es dann auch nicht so schlimm, den Aufnahmeantrag in gendergerechter Sprache auszufüllen. Danke.